Conquiste sua vaga em segurança da informação

FABIO SOBIECKI
CISSP, CCSP

ISBN: 9798877957794

DEDICATÓRIA

Dedico esta obra à minha esposa Elizabeth, que me acompanha e me apoia em todos os dias da minha vida, aos meus filhos Gabriel e Miguel, que são o incentivo para ser uma pessoa melhor e sempre buscar alcançar os meus objetivos.

CONTEÚDO

Minha jornada   1

Introdução   3

1   O que é a área de segurança da informação   5

2   O que Faz um Profissional de Segurança da Informação   9

3   O Mercado de Trabalho em Segurança da Informação   13

4   Como se Tornar um Profissional Qualificado em Segurança da Informação   16

5   Network e Recomendações - Impulsionando Sua Carreira em Segurança da Informação   21

6   Grupos e Associações em Segurança da Informação   25

7   Certificações Profissionais em Segurança da Informação   29

8   Buscando Vagas no Campo da Segurança da Informação   33

9   Preparando-se para o Processo Seletivo em Segurança da Informação   37

10   Desenvolvimento Contínuo e Educação Continuada na Carreira de Segurança da Informação   41

Agradecimento   43

Sobre o Autor   44

MINHA JORNADA

Eu sou Fabio Sobiecki, e esta é a minha história. Nasci e cresci no interior do Paraná. Desde jovem, senti uma conexão com a tecnologia. Formei-me em Tecnologia em Processamento de Dados e comecei a trabalhar com redes de computadores. Mas, no fundo, eu tinha um sonho maior: a segurança da informação.

Apesar do meu interesse, na minha cidade não havia mercado para segurança da informação. Então, um dia surgiu uma oportunidade inesperada: um convite para trabalhar como consultor em um projeto de segurança da informação em Brasília. Era a chance que eu esperava, mesmo sabendo que os desafios seriam enormes.

Hesitei inicialmente. Deixar minha cidade, mudar completamente minha área de atuação... era uma decisão significativa. Mas algo dentro de mim sabia que era um passo necessário.

Em Brasília, conheci profissionais experientes em segurança da informação que me apresentaram ao fascinante mundo da Gestão de Identidades e Acessos. Eles se tornaram meus mentores, guiando-me nesse novo universo.

Aceitando o desafio, mudei-me para São Paulo em 2004, logo após concluir minha graduação. Aqui, eu realmente comecei minha jornada na segurança da informação, cruzando o limiar para um novo mundo de possibilidades.

Em São Paulo, encontrei uma série de desafios. Cada projeto era uma nova batalha, cada conquista, um passo adiante. Fiz aliados, aprendi com os melhores e enfrentei obstáculos, sempre focando no meu crescimento profissional.

Em 2007, veio minha primeira grande virada: uma oportunidade de trabalhar no Reino Unido. Nesse mesmo ano, conquistei minha certificação CISSP. Era a confirmação de que eu estava no caminho certo.

Trabalhar internacionalmente foi minha maior prova. Tive que adaptar-me a novas culturas, enfrentar desafios inéditos e provar meu valor em um cenário global.

Minha recompensa foi o vasto conhecimento adquirido, o reconhecimento internacional e a satisfação pessoal de seguir meu sonho.

Voltei ao Brasil em 2008, trazendo comigo as experiências internacionais. Trabalhei em empresas renomadas como Computer Associates e IBM, e em 2015, tive minha segunda experiência internacional nos Estados Unidos.

Em 2017, após voltar ao Brasil e conquistar a certificação CCSP em segurança de nuvem, percebi que era hora de compartilhar meu conhecimento. A partir de 2020, dediquei-me a formar novos profissionais, um retorno ao meu começo, mas agora como um mentor.

Hoje, com a ideia de escrever um livro para ajudar aqueles que estão começando, sinto-me como se estivesse levando o "elixir" do conhecimento a uma nova geração. Quero inspirar, educar e orientar, como fizeram comigo. Essa é a minha forma de devolver ao mundo o que aprendi em minha jornada.

INTRODUÇÃO

Caro leitor,

Primeiramente, gostaria de expressar minha profunda gratidão por escolher este livro e confiar em minha jornada e experiências para orientar seus passos no fascinante e desafiador mundo da segurança da informação. Sua decisão de explorar este guia é o primeiro passo em uma jornada promissora e eu estou aqui para assegurar que este caminho seja tão enriquecedor quanto foi para mim.

Minha carreira em segurança da informação não foi apenas uma série de passos calculados; foi uma jornada de aprendizado contínuo, descobertas e, acima de tudo, uma série de orientações valiosas de mentores que encontrei ao longo do caminho. Esses mentores me abriram portas, mostraram caminhos, e iluminaram oportunidades que eu, sozinho, talvez nunca tivesse visto. Eles não foram apenas guias; foram faróis em minha trajetória profissional.

Hoje, estou numa posição privilegiada no mercado, uma conquista que atribuo em grande parte aos conselhos e apoio desses incríveis mentores. E agora, é meu desejo e compromisso retribuir, assumindo o papel de mentor para você. Este livro é mais do que um conjunto de instruções e conselhos; é um compromisso meu com sua carreira e crescimento profissional.

Ao longo destas páginas, você encontrará não apenas o conhecimento acumulado de uma vida dedicada à segurança da informação, mas também insights práticos e estratégias eficazes que podem impulsionar sua carreira. Desde entender as bases da segurança da informação até dicas para navegar com sucesso no mercado de trabalho e conquistar as certificações mais prestigiadas, este guia é um mapa para sua jornada rumo ao sucesso na área.

Aproveite este livro como um investimento em seu futuro. As recomendações e ensinamentos aqui presentes são destinados a abrir seus horizontes, aprimorar suas habilidades e prepará-lo para as inúmeras oportunidades que a segurança da informação oferece. Ao seguir os passos e conselhos aqui delineados, você estará não apenas adquirindo conhecimento, mas também construindo um caminho sólido para uma carreira promissora e recompensadora.

Embarque nesta jornada comigo. Vamos juntos desbravar o mundo da segurança da informação, descobrindo não apenas como proteger dados e sistemas, mas também como construir uma carreira sólida e gratificante.

Com apreço e compromisso,

Fabio Sobiecki, CISSP, CCSP

1 O QUE É A ÁREA DE SEGURANÇA DA INFORMAÇÃO

Bem-vindo ao primeiro passo da sua jornada no mundo da segurança da informação. Este capítulo é dedicado a desvendar os mistérios e a beleza desta área fascinante, fundamental na era digital em que vivemos.

A segurança da informação não é um conceito novo. Desde os primeiros dias da computação, a necessidade de proteger informações tem sido uma preocupação constante. No entanto, com a evolução da internet e o aumento exponencial de dados gerados e compartilhados digitalmente, a segurança da informação ganhou uma nova dimensão. Hoje, ela é uma disciplina complexa e dinâmica que envolve a proteção de sistemas, redes e dados contra intrusões, acessos não autorizados e danos.

Em seu cerne, a segurança da informação trata da proteção de informações valiosas. Isso pode incluir dados pessoais, propriedade intelectual, informações governamentais, e dados corporativos sensíveis. A violação desses dados pode levar a consequências graves, incluindo perdas financeiras, danos à reputação, e até mesmo implicações legais e regulatórias.

A segurança da informação é frequentemente estruturada em torno de três pilares principais:

- **Confidencialidade:** Garantir que a informação é acessível apenas por pessoas autorizadas.

- **Integridade:** Assegurar que a informação é precisa e completa, e que não foi alterada de forma indevida.

- **Disponibilidade:** Assegurar que as informações e os sistemas correspondentes estejam disponíveis para os usuários autorizados quando necessário.

As ameaças à segurança da informação são variadas e estão em constante evolução. Elas incluem ataques de hackers, malware, phishing, ataques de negação de serviço, além de riscos internos como o erro humano ou a falta de políticas de segurança eficazes.

A segurança da informação não é apenas uma questão de tecnologia. Embora ferramentas e sistemas de segurança sejam essenciais, a conscientização e o comportamento das pessoas são igualmente importantes. Treinamentos e políticas de segurança ajudam a criar uma cultura de segurança, essencial para proteger contra ameaças internas e externas.

Escolher uma carreira em segurança da informação significa não apenas embarcar em um campo dinâmico e desafiador, mas também assumir um papel crucial na proteção de informações vitais. É uma carreira que oferece constante desenvolvimento, oportunidades de aprendizado e a satisfação de fazer uma diferença significativa na proteção de dados e sistemas.

Pontos importantes na história da segurança da informação

A história da segurança da informação é rica e repleta de eventos marcantes. Vamos explorar alguns dos pontos mais significativos desta linha do tempo, ilustrando como o campo evoluiu e se adaptou às mudanças tecnológicas e às ameaças emergentes.

O primeiro ataque cibernético registrado na história ocorreu na década de 1970, quando Bob Thomas criou o "Creeper", um programa experimental que se movia pela rede ARPANET, exibindo a mensagem "I'm the creeper, catch me if you can!" Esse foi o precursor dos modernos vírus de computador e levou à criação do primeiro programa antivírus, o "Reaper".

O termo "hacker" originou-se no MIT durante os anos 1960, inicialmente referindo-se a indivíduos proficientes em programação e solução de problemas complexos em sistemas de computadores. Com o tempo, o termo evoluiu para descrever pessoas que exploram sistemas de computação, muitas vezes com intenções maliciosas.

DEFCON, uma das maiores e mais conhecidas conferências de hackers no mundo, foi fundada em 1993 por Jeff Moss, também conhecido como "The Dark Tangent". Originalmente um encontro informal para amigos que compartilhavam um interesse em hacking e segurança, a DEFCON evoluiu para um evento anual em Las Vegas, reunindo milhares de profissionais de segurança, pesquisadores, advogados e jornalistas.

A história de Kevin Mitnick é particularmente notável. Considerado um dos hackers mais famosos do mundo, Mitnick foi preso em 1995 por vários crimes relacionados à invasão de redes de computadores. Após cumprir sua sentença, ele se reinventou como um consultor de segurança da informação e autor. Mitnick agora ajuda organizações a protegerem suas informações e sistemas, utilizando sua experiência única como ex-hacker.

Opções Comuns de Emprego para Profissionais de Segurança da Informação no Brasil

A área de segurança da informação no Brasil oferece uma variedade de oportunidades de emprego, cada uma com suas especificidades e desafios. Vamos explorar algumas das opções mais comuns de emprego para profissionais do setor:

O analista de segurança da informação é responsável por proteger os sistemas de informação de uma empresa contra riscos e vulnerabilidades. Esse profissional monitora, analisa e responde a incidentes de segurança, além de desenvolver políticas e procedimentos de segurança.

O consultor de segurança da informação trabalha com diferentes empresas, oferecendo expertise para melhorar suas práticas de segurança. Este profissional analisa as necessidades de segurança, recomenda soluções e ajuda na implementação de medidas de proteção.

O analista de SOC atua no centro de operações de segurança, monitorando e analisando a segurança de redes e sistemas. Este profissional é vital para a detecção precoce de atividades suspeitas ou maliciosas.

O pentester é um especialista em testar a segurança de sistemas e redes, simulando ataques para identificar vulnerabilidades. O objetivo é encontrar e corrigir falhas antes que sejam exploradas por atacantes reais.

O especialista em forense computacional é responsável por investigar ataques e violações de segurança, analisando dados para identificar como um ataque ocorreu e quem foi o responsável.

O gestor de segurança da informação supervisiona todas as operações de segurança de uma organização. Este papel envolve o planejamento estratégico, gestão de riscos, desenvolvimento de políticas de segurança e a coordenação de equipes de segurança.

Este profissional dedica-se à pesquisa de novas ameaças, vulnerabilidades, técnicas de ataque e defesa. O pesquisador contribui para o avanço do conhecimento na área e ajuda a desenvolver soluções mais eficazes.

O arquiteto de segurança é responsável por projetar a estrutura de segurança de uma organização. Isso inclui a criação de modelos de segurança que integrem hardware, software e práticas para proteger as informações.

O CISO é um executivo de alto nível responsável pela estratégia de segurança de uma empresa. Esse papel envolve a governança da segurança da informação, gestão de riscos e garantia da conformidade com leis e regulamentações.

No Capítulo 1, embarcamos em uma jornada exploratória através do fascinante mundo da segurança da informação. Começamos por entender o que é a segurança da informação, enfatizando sua importância e relevância na era digital. Analisamos a evolução deste campo ao longo do tempo, destacando momentos-chave como o primeiro ataque cibernético, a origem do termo "hacker", a história da conferência DEFCON e a transformação de Kevin Mitnick de hacker para especialista em segurança.

Discutimos os três pilares fundamentais da segurança da informação: confidencialidade, integridade e disponibilidade. Também abordamos as diversas ameaças que desafiam a segurança da informação e a importância de uma abordagem equilibrada que combina tecnologia e conscientização humana.

Por fim, exploramos as diversas opções de carreira disponíveis para profissionais de segurança da informação no Brasil, incluindo analistas de segurança, consultores, especialistas em SOC, pentesters, profissionais de forense computacional, gestores de segurança, pesquisadores, arquitetos de segurança e CISOs. Cada uma dessas carreiras oferece um caminho único e gratificante dentro deste campo dinâmico.

Ao avançar para o Capítulo 2, prepare-se para mergulhar nos detalhes do que faz um profissional de segurança da informação. Vamos desvendar as habilidades, responsabilidades e desafios diários desses profissionais. Você entenderá melhor como as funções se diferenciam e como cada uma contribui para o panorama geral da proteção de informações. Este conhecimento será essencial para ajudá-lo a identificar qual caminho na segurança da informação mais alinha com suas paixões e habilidades. Estamos prestes a abrir as portas para as possibilidades e oportunidades que esperam por você na carreira de segurança da informação.

2 O QUE FAZ UM PROFISSIONAL DE SEGURANÇA DA INFORMAÇÃO

Bem-vindo ao Capítulo 2, onde mergulhamos no coração do que significa ser um profissional de segurança da informação. Aqui, exploraremos as diversas facetas da profissão, destacando as habilidades necessárias, as responsabilidades diárias e os desafios que esses especialistas enfrentam.

O profissional de segurança da informação deve possuir um conjunto diversificado de habilidades técnicas e não técnicas. Entre as habilidades técnicas, destacam-se a compreensão de redes, sistemas operacionais, criptografia e protocolos de segurança. Habilidades não técnicas, como pensamento crítico, solução de problemas e comunicação eficaz, também são cruciais. Estas habilidades permitem não apenas entender e mitigar riscos, mas também comunicar eficientemente esses riscos para outros membros da organização.

As responsabilidades de um profissional de segurança da informação variam conforme o papel específico, mas geralmente incluem:

- Monitorar redes e sistemas em busca de vulnerabilidades e atividades suspeitas.

- Implementar políticas e procedimentos de segurança.

- Realizar testes de penetração e avaliações de vulnerabilidade.

- Responder a incidentes de segurança.

- Educar funcionários sobre práticas de segurança.

Os desafios enfrentados pelos profissionais de segurança da informação são muitos e variados. Eles incluem a necessidade de se manter atualizado com as rápidas mudanças tecnológicas e ameaças emergentes, a pressão para proteger informações sensíveis em um cenário de ciberameaças em constante evolução, e a tarefa de equilibrar segurança com acessibilidade e eficiência operacional.

Trabalhar em segurança da informação muitas vezes envolve colaboração com diferentes departamentos e equipes. Isso pode incluir trabalhar com equipes de TI, jurídicas, de conformidade e de gestão de riscos para criar uma estratégia de segurança coesa e eficaz.

Dada a natureza dinâmica da segurança da informação, a educação contínua é vital. Isso pode ser feito através de certificações, cursos de formação, webinars, conferências e leitura constante para se manter atualizado sobre as últimas tendências e técnicas.

O papel do profissional de segurança da informação vai além da proteção de dados e sistemas; ele também tem um impacto significativo na proteção de ativos organizacionais, na preservação da privacidade e na segurança da sociedade como um todo.

Pré-requisitos para ser um Excelente Profissional de Segurança da Informação

Para se tornar um profissional excepcional na área de segurança da informação, não basta apenas ter interesse; é necessário possuir uma combinação de conhecimentos, habilidades e aptidões específicas. Vamos explorar os pré-requisitos fundamentais que formam a base para uma carreira de sucesso nesta área.

Conhecimentos Essenciais

- **Fundamentos de TI:** Compreensão sólida de redes, sistemas operacionais, banco de dados e programação.

- **Princípios de Segurança Cibernética:** Conhecimento de criptografia, defesa de rede, segurança de aplicativos e segurança em nuvem.

- **Legislação e Normas:** Entendimento das leis de proteção de dados, privacidade e normas de conformidade relevantes.

Habilidades Técnicas

- **Análise de Vulnerabilidades e Mitigação de Riscos:** Capacidade de identificar e mitigar vulnerabilidades em sistemas e redes.

- **Gestão de Incidentes de Segurança:** Habilidade para responder eficazmente a violações de segurança e incidentes.

- **Auditoria e Testes de Penetração:** Realizar auditorias de segurança e testes de penetração para avaliar a robustez dos sistemas.

Habilidades Não Técnicas

- **Resolução de Problemas:** Habilidade para analisar criticamente problemas de segurança e desenvolver soluções efetivas.

- **Comunicação Efetiva:** Capacidade de comunicar questões de segurança complexas de forma clara a não especialistas.

- **Trabalho em Equipe e Colaboração:** Trabalhar efetivamente com diversas equipes e stakeholders, dentro e fora da organização.

Aptidões Pessoais

- **Curiosidade e Aprendizado Contínuo:** Manter-se atualizado com as tendências emergentes e evolução das ameaças cibernéticas.

- **Atenção aos Detalhes:** Foco meticuloso nos detalhes, crucial para identificar e mitigar ameaças sutis.

- **Pensamento Ético e Integridade:** Compromisso com altos padrões éticos e integridade, fundamentais na gestão de dados sensíveis.

Soft Skills na Segurança da Informação

Antes de prosseguirmos, é crucial entender o termo "Soft Skills" e seu significado no contexto da segurança da informação. Soft Skills são habilidades interpessoais e de personalidade que influenciam a forma como interagimos com os outros e lidamos com situações no ambiente de trabalho. Na segurança da informação, essas habilidades são tão importantes quanto as competências técnicas. Elas determinam a eficácia com que os profissionais comunicam riscos, colaboram com equipes e gerenciam situações de crise. Vamos explorar algumas das soft skills mais valorizadas pelos gestores de segurança da informação ao buscar futuros funcionários.

1. Comunicação Eficaz: A capacidade de comunicar informações complexas de forma clara e compreensível para públicos não técnicos, incluindo gestores e funcionários de outros departamentos.

2. Trabalho em Equipe e Colaboração: Habilidade de trabalhar bem em equipe, contribuindo e valorizando as ideias dos outros, e colaborando efetivamente com diferentes departamentos.

3. Resolução de Problemas: A capacidade de pensar de forma crítica e criativa para resolver problemas complexos, muitas vezes sob pressão.

4. Adaptação e Flexibilidade: Adaptar-se rapidamente a novas situações, tecnologias e mudanças no ambiente de segurança cibernética.

5. Ética e Integridade: Manter padrões éticos elevados, especialmente ao lidar com informações confidenciais e sensíveis.

6. Gestão de Tempo e Priorização: Habilidade para gerenciar eficientemente o tempo e priorizar tarefas, especialmente em ambientes de trabalho dinâmicos e em situações de crise.

7. Liderança e Influência: Capacidade de liderar, motivar e influenciar outros, tanto dentro da equipe de segurança quanto em toda a organização.

8. Gestão de Stress e Resiliência: Manter a calma e a eficiência sob pressão, demonstrando resiliência em face dos desafios.

9. Aprendizado Contínuo e Curiosidade: Um desejo contínuo de aprender e se adaptar, fundamental em um campo que está em constante evolução.

10. Empatia e Inteligência Emocional: Entender e se relacionar com as emoções dos outros, uma habilidade crucial para gerenciar equipes e criar uma cultura de segurança forte.

No Capítulo 2, exploramos em profundidade o que constitui a essência de ser um profissional de segurança da informação. Abordamos as habilidades e competências essenciais, as responsabilidades diárias, os desafios da profissão, a importância da colaboração e do trabalho em equipe, e a necessidade de atualização constante. Este capítulo proporcionou uma compreensão abrangente das demandas técnicas e não técnicas da carreira em segurança da informação.

Destacamos também os pré-requisitos para se tornar um excelente profissional na área, incluindo conhecimentos fundamentais de TI, habilidades técnicas específicas e aptidões pessoais vitais para o sucesso na carreira. Além disso, introduzimos o conceito de soft skills, descrevendo as habilidades interpessoais e de personalidade mais valorizadas pelos gestores na área de segurança da informação. Essas habilidades, como comunicação eficaz, trabalho em equipe, resolução de problemas, ética e gestão de stress, são cruciais para a eficácia e o crescimento profissional neste campo.

Ao nos prepararmos para o Capítulo 3, mudaremos o foco para o mercado de trabalho na segurança da informação. Este próximo capítulo oferecerá insights sobre as tendências atuais e futuras, a demanda por profissionais qualificados, e as diversas oportunidades disponíveis no Brasil e internacionalmente. Exploraremos como as habilidades e competências discutidas no Capítulo 2 se traduzem em oportunidades reais de emprego, ajudando você a mapear um caminho claro para sua entrada e progressão neste campo emocionante e em constante evolução.

Prepare-se para mergulhar no dinâmico mercado de trabalho da segurança da informação, onde as oportunidades são vastas e as recompensas são significativas para aqueles que estão bem-preparados.

3 O MERCADO DE TRABALHO EM SEGURANÇA DA INFORMAÇÃO

Bem-vindo ao Capítulo 3, onde focaremos no mercado de trabalho em segurança da informação, explorando as peculiaridades de cada região do Brasil, as perspectivas futuras para o setor e o cenário global, incluindo o gap profissional em cibersegurança.

O mercado de segurança da informação no Brasil mostra variações significativas entre as regiões:

- **Sudeste:** Com centros financeiros e de tecnologia como São Paulo e Rio de Janeiro, a região Sudeste oferece o maior número de oportunidades, especialmente em grandes corporações e startups de tecnologia.

- **Sul:** A região Sul, com cidades como Porto Alegre e Curitiba, apresenta um mercado em crescimento, com foco em inovação e desenvolvimento tecnológico.

- **Nordeste:** Cidades como Recife e Salvador estão emergindo como centros tecnológicos, com oportunidades crescentes em segurança da informação, principalmente em empresas de médio porte e setor público.

- **Centro-Oeste:** Brasília, com sua concentração de órgãos governamentais, oferece oportunidades principalmente relacionadas à segurança da informação governamental e contratantes do setor público.

- **Norte:** A região Norte tem um mercado emergente em segurança da informação, com oportunidades principalmente em empresas de infraestrutura e setor público.

A partir de 2024, espera-se que o mercado de segurança da informação continue sua trajetória ascendente. Com a digitalização acelerada das empresas e a crescente preocupação com a segurança de dados, a demanda por profissionais qualificados deve aumentar significativamente. Além disso, a expansão da Internet das Coisas (IoT) e a evolução das ameaças cibernéticas continuarão a impulsionar a necessidade de inovações e soluções de segurança robustas.

Segundo a pesquisa de força de trabalho da (ISC)², o campo de segurança da informação enfrenta um gap significativo de profissionais qualificados globalmente. A pesquisa destaca a necessidade de mais especialistas em segurança, com um déficit que se estende por várias regiões e setores. Esse gap representa uma oportunidade única para os profissionais que buscam entrar e progredir nesta carreira.

O gap profissional em cibersegurança é um desafio global. Muitas organizações relatam dificuldades para encontrar profissionais com as habilidades necessárias para preencher posições críticas. Esse desequilíbrio entre oferta e demanda cria oportunidades significativas para profissionais que buscam especialização e avanço na área de segurança da informação.

No Capítulo 3, fizemos uma imersão no mercado de trabalho em segurança da informação, oferecendo uma visão abrangente das oportunidades e desafios em diferentes regiões do Brasil. Analisamos como cada região apresenta características únicas, desde o dinâmico mercado de tecnologia no Sudeste até as crescentes oportunidades no setor público no Centro-Oeste e no Norte.

Além disso, discutimos as perspectivas futuras para o setor a partir de 2024, enfatizando o crescimento contínuo e a demanda por profissionais qualificados. Abordamos os dados da pesquisa de força de trabalho da (ISC)², destacando o gap global de profissionais em cibersegurança, o que representa uma oportunidade significativa para quem busca uma carreira nessa área.

Este capítulo serviu para ilustrar não apenas a demanda atual por especialistas em segurança da informação, mas também a necessidade crescente no futuro. Com a evolução tecnológica contínua e o aumento das ameaças cibernéticas, as habilidades em segurança da informação estão se tornando cada vez mais valiosas em diversos setores.

Ao avançarmos para o Capítulo 4, focaremos em como você pode se tornar um profissional qualificado em segurança da informação. Exploraremos as várias rotas de educação e desenvolvimento profissional disponíveis, incluindo cursos presenciais, autoestudo, graduação e pós-graduação, cursos online e mentorias. Este capítulo será essencial para entender como adquirir as habilidades e o conhecimento necessários para entrar e ter sucesso no campo da segurança da informação.

Prepare-se para descobrir as chaves para desbloquear seu potencial nesta área em constante evolução e altamente recompensadora.

4 COMO SE TORNAR UM PROFISSIONAL QUALIFICADO EM SEGURANÇA DA INFORMAÇÃO

Bem-vindo ao Capítulo 4, onde focaremos nas rotas de educação e desenvolvimento profissional que podem prepará-lo para uma carreira bem-sucedida em segurança da informação. A seguir, exploraremos diferentes métodos e recursos de aprendizado, cada um com suas vantagens únicas.

Cursos Presenciais

Os cursos presenciais oferecem uma abordagem tradicional de aprendizado, com a vantagem do contato direto com professores e colegas. Universidades e instituições técnicas frequentemente oferecem cursos relacionados à segurança da informação, que podem variar de workshops curtos a programas de graduação e pós-graduação completos.

- **Benefícios:** Interatividade, networking, estrutura de aprendizado formal.

- **Oportunidades:** Cursos técnicos, graduações em TI com foco em segurança, mestrados e doutorados.

Autoestudo

O autoestudo é uma ótima opção para aqueles que preferem um ritmo de aprendizado autodirigido. Recursos incluem livros, publicações acadêmicas, blogs de especialistas e vídeos tutoriais.

- **Benefícios:** Flexibilidade, custo-benefício, aprendizado personalizado.

- **Recursos:** Bibliotecas online, plataformas como Coursera e Udemy, sites especializados em segurança da informação.

Graduação e Pós-Graduação

Graduações em áreas como Ciência da Computação, Sistemas de Informação ou Engenharia da Computação fornecem uma base sólida. Programas de pós-graduação especializados podem aprofundar seu conhecimento e habilidades em segurança da informação.

- **Benefícios:** Formação abrangente, reconhecimento acadêmico.

- Opções: Universidades reconhecidas, cursos com ênfase em segurança cibernética.

Cursos Online

Cursos online oferecem flexibilidade e acesso a uma ampla gama de conteúdos especializados. Plataformas como Coursera, edX e LinkedIn Learning oferecem cursos desenvolvidos por universidades e profissionais da área.

- Benefícios: Aprendizado acessível, atualizações constantes de conteúdo.

- Opções: Certificações específicas, cursos curtos, tutoriais em vídeo.

Mentorias

Participar de programas de mentoria ou buscar orientação de profissionais experientes pode acelerar seu desenvolvimento. Mentores podem oferecer conselhos práticos, insights sobre a indústria e orientação na carreira.

- Benefícios: Aprendizado prático, orientação personalizada, networking.

- Como encontrar: Redes profissionais, conferências, grupos de segurança da informação.

Roadmap de Estudos para se Tornar um Profissional de Segurança

Com o objetivo de orientar você, futuro profissional de segurança da informação, por meio de um roadmap estruturado de estudos. Esta trilha é projetada para abranger todas as áreas cruciais da segurança da informação, garantindo que você adquira um conhecimento abrangente e esteja preparado para os desafios da profissão.

Governança de Segurança: É o time que governa ou planeja as ações de Segurança para a empresa. Confunde um pouco com gerenciamento de segurança, mas cuida dos planos, dos projetos, escolhe ferramentas, define controles, organiza o time.

• Confidencialidade, Integridade e Disponibilidade

• Definição de Métricas

• Definição de Roadmap

• Levantamento de Requisitos de Negócios

• Privacidade

Gestão de Risco: Avalia os riscos que a empresa tem, risco de fraude, risco de incêndio, risco de mercado... E depois com a Governança, vai implementar controles para diminuir ou acabar com o risco.

• Avaliação de Riscos;

• Definição de plano de mitigação;

• Aplicação de controles de risco

Conformidade: Toda empresa tem leis que deve seguir. Por exemplo, toda empresa precisa emitir nota fiscal. Na segurança, algumas empresas têm obrigações de segurança, que estão na lei. A Lei de Privacidade e Marco Civil da Internet é um bom exemplo de leis.

• Normas de Segurança

• Guias de Segurança

- Leis aplicadas à Segurança
- Auditorias

Segurança de Dados: Define os processos e políticas de dados. Como serão armazenados, como serão controlados, como será feito backup, como evitar vazamento de dados.

- Classificação de Dados
- Integridade
- Criptografia e Confidencialidade
- Assinatura Digital
- Certificado Digital e Infraestrutura de Chaves Públicas
- Backup
- Descarte Seguro de Dados

Controle de Acesso: Gerencia o acesso dos colaboradores, clientes, parceiros aos sistemas da empresa e consequentemente aos dados. Define por exemplo a política de senha, quais métodos de autenticação devem ser usados.

- Controle de Acesso
- Auditoria e Federação de Acesso
- Provisionamento de Acesso
- Usuários Privilegiados

Segurança de Redes e Telecom: Se encarrega de avaliar os riscos de segurança na rede cabeada, sem fio, VPN, comunicação de datacenters, internet e também a parte de telefonia.

- Segurança de Redes e Infra
- Recursos de Proteção de Redes
- Segurança de Infraestrutura de Tecnologia
- Serviços de Rede

Segurança de Software: Avalia softwares desenvolvidos internamente e os softwares adquiridos no mercado. Também gerencia a atualização dos softwares, para evitar vulnerabilidades conhecidas.

- Segurança de Software
- Software Desenvolvido
- Segurança de Dados em Softwares e Testes
- Gerenciamento de Patches

Segurança de Endpoints: fica responsável pela segurança de dispositivos dos usuários, desktops, laptop, celulares, tablets e qualquer outro equipamento de ponta. Algumas cuidam de impressoras, scanners também e os dispositivos IOT. Internet das coisas.

- Segurança de Endpoints
- Mobile Device Management
- Atualização de Softwares e Firmwares
- Segurança de Desktops

Segurança Física: gerencia os riscos de ambientes físicos. Incêndios, danos elétricos, alagamento, furtos, roubos, invasão, vandalismo e tudo associado com informações da empresa nestes meios.

• Segurança Física

• Segurança de Datacenters

• Riscos Físicos

• Segurança Física de Dados

• Monitoramento de Segurança Física

Cloud Security: vai gerenciar todas as aplicações que rodam em nuvem publica, como por exemplo Office 365, Salesforce e os sistemas que rodam em nuvens como AWS, Google, Azure.

• Cloud Security

• Controlando acessos em Cloud Security

• Diferenças entre Cloud Security

• Proteções e Conformidade de Cloud Security

Inteligência de Segurança: neste ponto algumas pessoas confundem com inteligência artificial na segurança. Não é o caso aqui. Em inteligência de segurança é o monitoramento dos ambientes e o tratamento de eventos de segurança. É aqui nesta

parte por exemplo, que atuam os hackers éticos, engenheiros sociais, forense computacional.

• Inteligência e Operação de Segurança

• Preparando e Detectando Ataques

• Anatomia de Ataques

• Controles Operacionais de Segurança

Resposta a incidente: é a área que vai cuidar dos planos de emergência caso um evento de segurança ocorra. Por exemplo um incêndio no Datacenter. Como você deve fazer para resolver esta emergência. Tudo tem plano, ensaio, testes....

• Resposta à Incidentes

• Demais Planos de Resposta

• Outras Ferramentas de Apoio

• Testes e Ensaios de Segurança

• Reciclando Planos

Ética Profissional: Bom, não é apenas o hacker que deve ser ético. Existem algumas regras da nossa profissão, que devem ser seguidas. Por exemplo, aqui você precisa conhecer o que é um documento de Confidencialidade, como você deve tratar informações sigilosas.

No Capítulo 4, proporcionamos um guia detalhado para se tornar um profissional qualificado em segurança da informação, combinando educação formal, autoestudo e um roadmap específico de temas cruciais na área. Este caminho integrado de estudos aborda desde os fundamentos da governança e gestão de risco até as nuances da segurança em diferentes tecnologias e ambientes.

Iniciamos com a importância da educação formal e do autoestudo, destacando como cursos presenciais, graduação, pós-graduação e recursos online podem formar a base do seu conhecimento técnico e teórico. Em seguida, mergulhamos em áreas específicas da segurança da informação, como Governança de Segurança, Gestão de Risco, Conformidade, Segurança de Dados, Controle de Acesso, entre outras. Cada seção foi cuidadosamente elaborada para oferecer uma compreensão profunda dos diferentes aspectos da segurança da informação, desde o planejamento estratégico até a resposta a incidentes e ética profissional.

Este capítulo serve como uma bússola para guiar seus estudos e preparação para uma carreira em segurança da informação, fornecendo um conhecimento abrangente que é crucial para o sucesso na área.

Ao avançarmos para o Capítulo 5, mudaremos o foco para o networking e a importância das recomendações no desenvolvimento da sua carreira. Este próximo capítulo oferecerá insights valiosos sobre como construir uma rede de contatos profissional eficaz, a importância do networking para o avanço na carreira e como obter recomendações que podem abrir portas e criar oportunidades significativas no campo da segurança da informação.

Prepare-se para aprender como conectar-se com profissionais da área, participar de comunidades, e utilizar o networking para impulsionar sua carreira.

5 NETWORK E RECOMENDAÇÕES - IMPULSIONANDO SUA CARREIRA EM SEGURANÇA DA INFORMAÇÃO

Bem-vindo ao Capítulo 5, onde abordaremos a importância do networking e das recomendações no desenvolvimento da sua carreira em segurança da informação. Este capítulo fornecerá estratégias para construir uma rede de contatos sólida e como utilizar essas conexões para avançar profissionalmente.

Networking é mais do que apenas conhecer pessoas; é sobre estabelecer relações profissionais significativas que podem oferecer apoio, orientação e oportunidades. No campo da segurança da informação, onde as tendências e tecnologias estão em constante evolução, ter uma rede de contatos diversificada é essencial.

Participe de conferências, seminários e workshops; junte-se a grupos profissionais e online; contribua para fóruns e blogs da área.

O processo de construção de uma rede de contatos deve ser estratégico e autêntico. Isso envolve mais do que apenas trocar cartões de visita; é necessário criar conexões genuínas.

Seja ativo em comunidades profissionais; ofereça ajuda ou expertise; mantenha contato regular com seus pares.

Uma rede sólida pode abrir portas para oportunidades de emprego, mentorias, parcerias e desenvolvimento profissional. O networking eficaz permite que você seja recomendado para oportunidades de trabalho e projetos relevantes.

Peça recomendações; compartilhe suas metas de carreira com sua rede; participe ativamente de eventos do setor.

Recomendações são um componente poderoso do networking. Uma recomendação de um colega respeitado pode ser decisiva na obtenção de uma nova posição ou projeto.

Mostre seu valor e competência; crie relações de confiança; peça feedback e recomendações quando apropriado.

O networking não é uma atividade única, mas um processo contínuo. Manter relacionamentos a longo prazo requer esforço e atenção.

Mantenha comunicação regular; ofereça ajuda ou conselhos; celebre os sucessos dos outros.

Além das estratégias de networking e construção de relacionamentos profissionais, participar de eventos específicos de segurança da informação é uma excelente maneira de se conectar com outros profissionais do setor. No Brasil, há uma série de eventos renomados que oferecem oportunidades para aprender, compartilhar conhecimentos e expandir sua rede de contatos. Vamos destacar alguns dos mais conhecidos:

1. Roadsec

- **Descrição:** O Roadsec é um dos maiores eventos de hacking, segurança e tecnologia da América Latina. Oferece palestras, workshops e competições de hacking.

- **Oportunidades de Networking:** Encontro de profissionais, entusiastas e empresas do setor.

2. You Sh0t the Sheriff (YSTS)

- **Descrição:** Conhecido por ser um evento mais exclusivo, o YSTS é focado em segurança da informação e atrai um público altamente especializado.

- **Oportunidades de Networking:** Excelente para conexões com profissionais experientes e discussões técnicas avançadas.

3. H2HC - Hackers to Hackers Conference

- **Descrição:** Uma das conferências mais antigas do Brasil, focada em hacking e segurança da informação, com palestrantes nacionais e internacionais.

- **Oportunidades de Networking:** Ideal para aprender com hackers e especialistas em segurança e para estabelecer conexões valiosas.

4. The Security Leaders

- **Descrição:** Este evento reúne líderes de segurança da informação e risco de todo o Brasil, abordando temas estratégicos e de gestão.

- **Oportunidades de Networking:** Perfeito para conexões com gestores e líderes de segurança da informação.

5. BSides

- **Descrição:** Parte de uma série global de eventos, as conferências BSides no Brasil oferecem um ambiente mais íntimo para discussões e apresentações.

- **Oportunidades de Networking:** Ambiente ideal para trocas de conhecimento e experiências com profissionais e pesquisadores.

6. Mind The Sec

- **Descrição:** Um dos principais eventos corporativos de segurança da informação no Brasil, com foco em temas relevantes para o setor empresarial.

- **Oportunidades de Networking:** Excelente para profissionais que buscam integrar segurança da informação com o mundo corporativo.

Ao participar desses eventos, é importante ter um objetivo claro. Seja expandir sua rede de contatos, aprender sobre uma nova tecnologia ou encontrar potenciais mentores, vá preparado para aproveitar ao máximo a experiência. Leve cartões de visita, prepare uma breve apresentação sobre si mesmo e seus interesses profissionais, e não tenha receio de iniciar conversas.

Conectando-se com Profissionais de Segurança da Informação em Nichos Específicos

Encontrar e se conectar com profissionais de segurança da informação em nichos e especialidades específicas é uma etapa crucial no desenvolvimento de sua carreira. Vamos explorar algumas dicas sobre como identificar esses especialistas, seguir suas atividades nas redes profissionais como o LinkedIn e abordá-los de maneira eficaz.

Comece identificando os nichos de segurança da informação que mais lhe interessam. Isso pode incluir áreas como criptografia, forense digital, segurança em nuvem, entre outras.

Junte-se a grupos e fóruns online relacionados a essas áreas específicas. Muitos especialistas participam ativamente desses grupos, compartilhando conhecimentos e experiências.

O LinkedIn é uma ferramenta essencial para se conectar com profissionais da área. Busque por especialistas em segurança da informação, olhe suas conexões, grupos e empresas onde trabalham.

Siga os especialistas de seu interesse e participe das discussões que eles promovem. Comentar ou compartilhar seus posts com insights relevantes pode ser uma forma eficaz de chamar atenção positivamente.

Ao enviar um convite de conexão, inclua uma mensagem personalizada. Explique brevemente quem você é, por que está interessado em se conectar e como você encontrou o perfil dessa pessoa.

Se estiver se apresentando como candidato a uma vaga, seja claro e conciso sobre sua experiência e interesse na área. Destaque como suas habilidades e experiências são relevantes para o nicho em questão.

Se for apropriado, você pode pedir orientação ou conselhos. Muitos profissionais estão abertos a ajudar novatos na área, mas lembre-se de ser respeitoso com o tempo e a disposição deles.

Após a conexão inicial, mantenha-se ativo e engajado com o conteúdo compartilhado por seus contatos. Isso ajuda a construir um relacionamento profissional contínuo.

Muitos especialistas em segurança da informação participam ou organizam webinars e eventos online. Participar desses eventos é uma ótima forma de aprender e se conectar.

No Capítulo 5, abordamos a crucial importância do networking e das recomendações para o desenvolvimento da sua carreira em segurança da informação. Exploramos estratégias eficazes para construir e manter uma rede de contatos profissionais, tanto presencialmente quanto online, e como essas conexões podem ser transformadas em oportunidades de carreira.

Discutimos a relevância de eventos de segurança da informação no Brasil como o Roadsec, YSTS, H2HC, The Security Leaders, BSides e Mind The Sec. Esses eventos são plataformas ideais para aprender, interagir com especialistas e ampliar sua rede de contatos no campo da segurança da informação.

Além disso, oferecemos dicas práticas sobre como identificar e seguir profissionais em nichos específicos de segurança da informação, utilizando plataformas como o LinkedIn. Abordamos também como engajar-se com esses profissionais e estabelecer conexões significativas, seja para buscar orientação, mentorship ou oportunidades de emprego.

O capítulo concluiu com a ênfase na manutenção de relacionamentos profissionais a longo prazo, ressaltando a importância de ser um participante ativo na comunidade de segurança da informação.

À medida que avançamos para o Capítulo 6, mudaremos o foco para Grupos e Associações na área de segurança da informação. Exploraremos como a participação ativa nesses grupos e associações pode não apenas enriquecer seu conhecimento e habilidades, mas também abrir portas para novas oportunidades profissionais. Vamos mergulhar em detalhes sobre associações profissionais, grupos de discussão e comunidades online, destacando como você pode se beneficiar e contribuir para esses grupos.

6 GRUPOS E ASSOCIAÇÕES EM SEGURANÇA DA INFORMAÇÃO

Bem-vindo ao Capítulo 6, onde exploraremos a importância dos grupos e associações profissionais em segurança da informação. A participação ativa nessas comunidades não só enriquece seu conhecimento e habilidades, mas também abre portas para novas oportunidades de carreira e networking.

Participar de associações profissionais é uma maneira excelente de se manter atualizado com as últimas tendências, obter certificações reconhecidas e se conectar com outros profissionais. Algumas das associações mais renomadas incluem

- **(ISC)²:** Famosa por administrar a certificação CISSP, oferece uma variedade de recursos educacionais e eventos de networking.

- **ISACA:** Conhecida por certificações como CISA e CISM, oferece amplas oportunidades de aprendizado e conexões profissionais.

- **SANS Institute:** Oferece treinamento, certificações e pesquisa em segurança da informação.

Os grupos de discussão e comunidades online são locais excelentes para troca de conhecimentos, discussões técnicas e suporte. Plataformas como LinkedIn, Reddit e fóruns específicos de segurança da informação hospedam diversas comunidades onde os membros compartilham experiências, dúvidas e novidades.

Além de associações e comunidades online, a participação em eventos e conferências de segurança da informação é fundamental. Estes eventos oferecem oportunidades para se atualizar sobre as mais recentes pesquisas, tecnologias e melhores práticas na área.

Contribuir ativamente para a comunidade de segurança da informação é uma forma de se destacar. Isso pode incluir a publicação de artigos, a participação em painéis de discussão, a realização de palestras ou workshops em eventos e a colaboração em projetos de código aberto relacionados à segurança.

O networking em associações e grupos deve ser estratégico. Ao participar de eventos e encontros, foque em estabelecer conexões significativas. Prepare-se para apresentar suas experiências e interesses de forma clara, e esteja aberto para aprender com outros.

Para obter o máximo benefício de associações e grupos, é importante manter-se ativo e engajado.

Isso significa participar regularmente de eventos, contribuir em discussões e se voluntariar para cargos ou comitês dentro das associações.

Além das associações e grupos gerais em segurança da informação, os Chapters Profissionais desempenham um papel crucial no networking e desenvolvimento profissional. Esses chapters são representações locais ou regionais de grandes associações globais, como a ISACA e a (ISC)². Vamos explorar o conceito desses chapters e como você pode se tornar um membro.

Chapters Profissionais, como o ISACA Chapter São Paulo e o Capítulo São Paulo da (ISC)², funcionam como extensões locais de organizações internacionais. Eles oferecem uma plataforma para profissionais da região se conectarem, compartilharem conhecimentos e participarem de atividades e eventos focados em segurança da informação.

- **Benefícios:** Acesso a recursos educacionais, oportunidades de networking local, eventos, workshops e palestras específicas da região.

- **Atividades Comuns:** Encontros regulares, grupos de estudo para certificações, conferências locais, atividades de desenvolvimento profissional.

Para se tornar membro de um Chapter Profissional, siga estes passos:

1. Associação à Organização Principal: Geralmente, é necessário ser membro da organização global correspondente. Por exemplo, para se juntar ao ISACA Chapter São Paulo, você primeiro precisa ser um membro da ISACA.

2. Registro no Chapter Local: Após se tornar membro da organização global, você pode se registrar no Chapter local. Isso geralmente é feito através do site oficial do Chapter ou entrando em contato diretamente com os representantes do Chapter.

3. Pagar as Taxas de Membro: Pode haver uma taxa de associação específica para se tornar membro de um Chapter. Estas taxas são usadas para financiar as atividades e eventos do Chapter.

4. Participação Ativa: Uma vez membro, aproveite ao máximo sua associação participando ativamente dos eventos, workshops, e outras atividades organizadas pelo Chapter.

O envolvimento ativo em um Chapter Profissional pode oferecer diversos benefícios, como:

- **Desenvolvimento de Habilidades:** Aproveitar os recursos educacionais e oportunidades de aprendizado oferecidos pelo Chapter.

- **Networking Local:** Conectar-se com profissionais da segurança da informação na sua região.

- **Oportunidades de Liderança:** Contribuir para o Chapter assumindo cargos de liderança ou se voluntariando para organizar eventos.

Além dos Chapters Profissionais, outro elemento vital na comunidade de segurança da informação são os Hackerspaces. Estes espaços colaborativos desempenham um papel significativo na promoção da inovação, aprendizado e troca de ideias entre entusiastas da tecnologia e profissionais de segurança.

Hackerspaces são locais físicos onde pessoas com interesses em computação, tecnologia, ciência, arte digital e segurança da informação se reúnem para compartilhar ideias, equipamentos e conhecimento. Esses ambientes são caracterizados pela colaboração aberta, aprendizado peer-to-peer e exploração criativa.

- Atividades Comuns: Projetos colaborativos, workshops, palestras, hackathons e eventos sociais.

- Benefícios: Acesso a recursos e ferramentas, aprendizado colaborativo, networking com outros entusiastas e profissionais.

No Brasil, há vários hackerspaces ativos que se tornaram centros importantes para a comunidade de tecnologia e segurança da informação. Alguns exemplos notáveis incluem:

- Garoa Hacker Clube (São Paulo): Conhecido por ser o primeiro hackerspace do Brasil, o Garoa Hacker Clube é um local para encontros, troca de conhecimentos e desenvolvimento de projetos em um ambiente colaborativo e inclusivo.

- Area 31 (Minas Gerais): Localizado em Minas Gerais, o Area 31 é um espaço de colaboração que promove o compartilhamento de conhecimento em áreas como hacking, segurança da informação e tecnologias emergentes.

Estes espaços não só promovem o desenvolvimento de habilidades técnicas, mas também fomentam uma cultura de inovação e colaboração.

Acesse o link https://garoa.net.br/wiki/Hackerspaces_Brasileiros para sugestão de outros hackerspaces.

Para se envolver com um hackerspace, considere as seguintes etapas:

1. Visite o Espaço: Muitos hackerspaces oferecem dias abertos para visitantes. Visitar o espaço é uma ótima maneira de conhecer os membros e entender a cultura do local.

2. Participe de Eventos e Workshops: Engaje-se participando ativamente dos eventos e workshops oferecidos.

3. Colabore em Projetos: Hackerspaces são ambientes ideais para iniciar ou colaborar em projetos, compartilhando habilidades e aprendendo com outros membros.

No Capítulo 6, exploramos o mundo dos grupos, associações e hackerspaces que são cruciais na comunidade de segurança da informação. Discutimos a importância das associações profissionais como (ISC)² e ISACA, e como se tornar membro de seus Chapters locais, como o ISACA Chapter São Paulo e o Capítulo São Paulo da (ISC)². Estes Chapters fornecem recursos educacionais valiosos, oportunidades de networking e eventos especializados que são essenciais para o desenvolvimento profissional.

Além disso, mergulhamos no conceito de hackerspaces, destacando como espaços como o Garoa Hacker Clube em São Paulo e o Area 31 em Minas Gerais oferecem ambientes únicos para aprendizado colaborativo, inovação e troca de conhecimentos. Enfatizamos a importância de participar ativamente desses espaços para aprimorar habilidades práticas, colaborar em projetos e construir conexões significativas na área de segurança da informação.

Este capítulo forneceu uma visão abrangente de como a participação em grupos, associações e hackerspaces pode enriquecer sua carreira e expandir seu conhecimento e rede de contatos no campo da segurança da informação.

À medida que avançamos para o Capítulo 7, focaremos nas Certificações Profissionais em segurança da informação. Exploraremos as várias certificações disponíveis, como elas podem aprimorar suas qualificações e o impacto que podem ter na sua trajetória profissional. Este capítulo será crucial para entender as credenciais que você pode buscar para validar suas habilidades e conhecimentos no mercado de trabalho em constante evolução da segurança da informação.

7 CERTIFICAÇÕES PROFISSIONAIS EM SEGURANÇA DA INFORMAÇÃO

Bem-vindo ao Capítulo 7, onde focaremos nas certificações profissionais em segurança da informação. As certificações são uma forma de validar suas habilidades e conhecimentos, além de serem frequentemente requisitadas por empregadores no campo da segurança cibernética.

Certificações profissionais podem diferenciá-lo no mercado de trabalho, demonstrando compromisso com sua carreira e expertise na área. Elas são particularmente importantes em um campo que exige confiança e credibilidade.

Certificações Reconhecidas na Área de Segurança da Informação

- **Certified Information Systems Security Professional (CISSP):** Oferecida pelo (ISC)², é uma das certificações mais reconhecidas e respeitadas na área. Abrange uma gama ampla de tópicos em segurança da informação.

- **Certified Information Security Manager (CISM):** Focada em gestão, esta certificação da ISACA é ideal para quem busca liderança em segurança da informação.

- **Certified Information Systems Auditor (CISA):** Também da ISACA, é voltada para profissionais focados em auditoria, controle e garantia de sistemas de informação.

- **Offensive Security Certified Professional (OSCP):** Para aqueles interessados em hacking ético e testes de penetração, esta certificação prática é altamente valorizada.

- **Certified Ethical Hacker (CEH):** Oferecida pelo EC-Council, foca em habilidades de hacking ético e testes de penetração, mas de uma perspectiva mais teórica que a OSCP.

Certificações para Iniciantes em Segurança da Informação

Além das certificações avançadas, é importante considerar aquelas destinadas a iniciantes na carreira de segurança da informação. Estas certificações proporcionam uma base sólida de conhecimentos e habilidades essenciais para começar nesta área. Vamos explorar algumas das principais certificações para quem está começando.

Certified in Cybersecurity (ISC)²

- Descrição: Uma introdução ideal ao mundo da segurança da informação, oferecida pelo (ISC)².

- Objetivo: Fornece conhecimentos básicos em cibersegurança e não exige experiência prévia.

CompTIA Security+

- Descrição: Uma das certificações de entrada mais reconhecidas, abrangendo uma ampla gama de tópicos de segurança básica.

- Objetivo: Ideal para quem busca uma compreensão fundamental das práticas de segurança da informação.

Cisco Certified CyberOps Associate

- Descrição: Focada em operações de segurança cibernética, é ideal para quem visa trabalhar em centros de operações de segurança (SOCs).

- Objetivo: Prepara os candidatos para funções operacionais em segurança.

Microsoft Certified: Security, Compliance, and Identity Fundamentals

- Descrição: Destinada a quem deseja se familiarizar com os conceitos de segurança, conformidade e identidade em ambientes Microsoft.

- Objetivo: Fornece uma base sólida em segurança da informação, especialmente relacionada aos produtos e serviços Microsoft.

CompTIA Cybersecurity Analyst (CySA+)

- Descrição: Embora seja um pouco mais avançada do que a Security+, ainda é acessível para iniciantes e foca em análise comportamental e técnicas de mitigação de ameaças.

- Objetivo: Preparar profissionais para análise e resposta a ameaças de segurança.

EC-Council Certified Secure Computer User (CSCU)

- Descrição: Uma certificação básica que ensina conceitos fundamentais de proteção contra ameaças cibernéticas e ataques, adequada para usuários de computadores em geral.

- Objetivo: Elevar a conscientização sobre segurança para usuários cotidianos de computadores.

GIAC Information Security Fundamentals (GISF)

- Descrição: Oferecida pelo GIAC, esta certificação abrange conceitos básicos de segurança da informação.

- Objetivo: Proporcionar uma compreensão fundamental de segurança cibernética, ideal para iniciantes.

Certified Cybersecurity Technician (CCT)

- Descrição: Uma certificação do EC-Council focada em habilidades técnicas fundamentais para a área de segurança cibernética.

- Objetivo: Desenvolver habilidades técnicas essenciais para profissionais iniciantes em segurança da informação.

Planejamento para Escolher e Concluir uma Certificação

Ao considerar uma certificação em segurança da informação, é crucial fazer um planejamento cuidadoso. Cada certificação possui suas peculiaridades, incluindo cursos, materiais de estudo, pré-requisitos, custos e requisitos de manutenção.

A preparação para as certificações requer dedicação e estudo intensivo. Muitas vezes, os candidatos optam por cursos de treinamento específicos, grupos de estudo e materiais de preparação como livros e simulados.

Aqui estão alguns aspectos importantes a considerar:

Embora haja um custo associado à obtenção e manutenção de certificações, elas são um investimento na sua carreira. As certificações podem levar a melhores oportunidades de emprego, salários mais altos e reconhecimento profissional.

Verifique se há requisitos específicos para a certificação, como experiência prévia na área ou conhecimentos específicos.

Além dos cursos oficiais oferecidos pelas organizações certificadoras, existem cursos não oficiais que podem ser úteis. Avalie qual opção melhor se encaixa em seu estilo de aprendizado e orçamento.

Similarmente, existem materiais de estudo oficiais e alternativos. Os materiais oficiais geralmente são os mais recomendados, mas outras fontes também podem ser valiosas.

As taxas de exame podem variar consideravelmente. Além disso, leve em conta custos adicionais com materiais de estudo e cursos.

Em caso de não aprovação na primeira tentativa, verifique o tempo de espera antes de poder refazer o exame.

Algumas certificações exigem o pagamento de uma anuidade para manter a credencial ativa. Esses custos geralmente são em dólar, o que pode representar uma consideração adicional para profissionais em países com outras moedas.

A maioria das certificações profissionais requer manutenção contínua, que pode incluir a obtenção de créditos de educação continuada, renovação da certificação e, em alguns casos, exames periódicos.

Os créditos de educação continuada, também conhecidos como CPEs, são para manter sua certificação. CPEs podem ser obtidos através de várias atividades, como assistir a webinars, participar de conferências, cursos adicionais, ensinar e publicar artigos relacionados à área.

No Capítulo 7, abordamos extensivamente o tema das certificações profissionais em segurança da informação, um componente vital para o avanço na carreira nesse campo dinâmico. Exploramos uma gama de certificações, desde aquelas destinadas a iniciantes, como a Certified in Cybersecurity do (ISC)^2 e a CompTIA Security+, até certificações mais avançadas como a CISSP e a CISM.

Destacamos a importância dessas certificações como um meio de validar suas habilidades e conhecimentos perante empregadores e colegas de profissão. Além disso, discutimos os detalhes práticos e logísticos envolvidos na obtenção de certificações, incluindo a escolha da certificação correta com base em seus objetivos de carreira, o entendimento dos pré-requisitos, a avaliação dos cursos e materiais de estudo disponíveis, e o planejamento financeiro para os custos associados.

Enfatizamos também a necessidade de manter essas certificações, abordando a importância dos Continuing Professional Education (CPE) e as anuidades, aspectos cruciais para garantir que suas certificações permaneçam válidas e relevantes.

Este capítulo forneceu um guia abrangente para navegar no mundo das certificações em segurança da informação, preparando-o para tomar decisões informadas e estratégicas na sua jornada de aprendizado e desenvolvimento profissional.

Ao avançarmos para o Capítulo 8, mudaremos nosso foco para a busca de vagas no campo da segurança da informação. Exploraremos estratégias eficazes para encontrar oportunidades relevantes, preparar um currículo impactante e destacar-se em processos seletivos. Este próximo capítulo é essencial para aplicar o conhecimento e as credenciais adquiridas de forma prática e eficiente no mercado de trabalho.

8 BUSCANDO VAGAS NO CAMPO DA SEGURANÇA DA INFORMAÇÃO

Bem-vindo ao Capítulo 8, onde focaremos em como buscar efetivamente vagas no campo da segurança da informação. Neste capítulo, exploraremos estratégias para encontrar oportunidades relevantes, preparar um currículo que se destaque e navegar com sucesso por processos seletivos.

Sites como LinkedIn, Indeed e Glassdoor são excelentes fontes para encontrar vagas em segurança da informação. Configure alertas para receber notificações de vagas novas.

Utilize sua rede de contatos. Muitas vezes, as melhores oportunidades são aquelas que são compartilhadas dentro de uma rede profissional.

Inclua todas as certificações relevantes que você obteve, conforme discutido no Capítulo 7.

Seja claro e conciso ao descrever sua experiência profissional. Foque em resultados e como suas ações beneficiaram projetos ou empresas anteriores.

Além de suas habilidades técnicas, não esqueça de mencionar soft skills importantes, como resolução de problemas e trabalho em equipe.

Adapte seu currículo e carta de apresentação para cada vaga, focando em como suas habilidades e experiências se alinham com os requisitos da posição.

Mantenha seu perfil do LinkedIn atualizado e ativo. Interaja com postagens relevantes e participe de grupos de discussão para aumentar sua visibilidade.

Pesquise sobre a empresa e prepare-se para responder a perguntas técnicas e comportamentais. Pratique suas respostas e tenha exemplos concretos de suas experiências passadas.

Prepare perguntas para fazer ao entrevistador. Isso demonstra seu interesse pela vaga e ajuda a entender melhor a posição.

Após a entrevista, é adequado enviar um email agradecendo pela oportunidade e reiterando seu interesse pela vaga. Se não for selecionado, peça feedback para melhorar em futuras entrevistas.

Navegando pela Diversidade de Títulos de Emprego em Segurança da Informação

A área de segurança da informação é conhecida por sua variedade de títulos de emprego, que podem variar significativamente de uma empresa para outra. Títulos como analista, consultor, especialista e variações destes em inglês, como "security analyst", "security consultant", "security specialist", entre outros, são comuns. Esta diversidade pode criar uma barreira na hora de buscar e filtrar vagas relevantes. Vamos discutir uma estratégia para superar esse desafio.

Reconheça que o mesmo tipo de trabalho pode ser descrito sob diferentes títulos. Por exemplo, "Analista de Segurança" e "Especialista em Segurança Cibernética" podem ter responsabilidades similares.

Foque mais na descrição da vaga e nos requisitos do que no título em si. Isso dará uma melhor ideia do que a posição realmente envolve.

Use palavras-chave mais amplas em suas pesquisas. Por exemplo, em vez de procurar apenas por "analista de segurança", busque por "segurança da informação" ou "cibersegurança".

Configure alertas de emprego em plataformas como LinkedIn e Indeed com uma gama de títulos e palavras-chave relacionadas à segurança da informação.

Utilize filtros avançados nas plataformas de emprego para refinar sua busca por localização, nível de experiência e outras especificidades.

Esteja aberto a aplicar para vagas com títulos diferentes, desde que a descrição e os requisitos estejam alinhados com suas habilidades e objetivos de carreira.

Dedique tempo regularmente para pesquisar e se candidatar a vagas, pois novas oportunidades surgem constantemente.

Utilizando Palavras-Chave Específicas na Busca de Vagas

Uma estratégia eficaz para superar a diversidade de títulos de emprego na área de segurança da informação é a utilização de palavras-chave específicas durante a busca por vagas. Isso inclui nomes de tecnologias, protocolos e siglas de certificações de segurança. Vamos explorar como essa abordagem pode ajudar a filtrar e identificar oportunidades relevantes.

Inclua em suas buscas nomes de tecnologias específicas relacionadas à segurança da informação, como "firewall", "IDS/IPS", "criptografia", etc.

Utilize também protocolos de segurança como palavras-chave, por exemplo, "SSL", "TLS", "SSH".

Mesmo que você ainda não possua certas certificações, incluir siglas de certificações conhecidas como "CISSP", "CISA", "CEH" em suas buscas pode revelar vagas que valorizam tais qualificações.

Muitas vagas listam certificações como desejáveis, mas não obrigatórias. Essas vagas podem ser acessíveis mesmo se você ainda está no processo de obter as certificações.

Usar essas palavras-chave ajuda a filtrar vagas que estão mais alinhadas com as áreas específicas de segurança da informação que lhe interessam ou nas quais você tem experiência.

Essa abordagem pode revelar vagas que você talvez não encontrasse utilizando apenas títulos genéricos de emprego.

Seguindo Profissionais Atuais para Encontrar Vagas

Uma outra estratégia eficaz na busca por vagas em segurança da informação é seguir profissionais atuantes na área, especialmente nas redes sociais como o LinkedIn. Muitas vezes, vagas são divulgadas diretamente pelos profissionais em seus posts, oferecendo oportunidades que podem não estar listadas em outros locais.

Encontre e siga profissionais influentes e ativos na área de segurança da informação. Isso pode incluir líderes de opinião, autores de livros na área, palestrantes e profissionais com cargos de destaque.

O LinkedIn é particularmente útil para este fim, mas outras redes sociais também podem ser relevantes, dependendo do seu foco e da atividade dos profissionais.

Alguns profissionais compartilham oportunidades de emprego em suas redes que podem não estar listadas em sites de empregos ou na página da empresa.

Seguir profissionais experientes também pode fornecer insights valiosos sobre tendências da indústria, eventos e desenvolvimentos importantes na área de segurança da informação.

Não basta apenas seguir; interaja com o conteúdo publicado por esses profissionais. Comente, compartilhe e participe de discussões para aumentar sua visibilidade.

Estabeleça conexões genuínas. Se um profissional compartilhar uma vaga, por exemplo, considere entrar em contato de forma respeitosa e profissional para expressar seu interesse.

Dica de Ouro - Buscando Oportunidades Internas na Empresa Atual

Além das estratégias mencionadas anteriormente, existe uma "Dica de Ouro" que tem sido responsável pelo sucesso de muitos profissionais de segurança da informação: buscar oportunidades de transferência interna dentro da empresa onde já trabalham. Esta abordagem pode ser particularmente eficaz, pois muitas empresas preferem promover ou transferir funcionários existentes, que já estão familiarizados com a cultura e os processos organizacionais, em vez de contratar alguém de fora.

Funcionários internos já possuem conhecimento sobre a empresa, sua cultura, processos e pessoas. Isso pode reduzir significativamente o tempo de adaptação e treinamento necessário para um novo papel na área de segurança da informação.

Estabeleça conexões com o departamento de segurança da informação da sua empresa. Participar de reuniões, eventos internos e projetos interdepartamentais pode ajudar a aumentar sua visibilidade.

Fique atento a vagas internas na área de segurança da informação. Muitas empresas têm sistemas internos de divulgação de oportunidades.

Uma abordagem aberta e honesta com seu gestor atual é essencial. Discuta suas aspirações de carreira e veja como eles podem apoiar sua transição.

Assim como numa candidatura externa, prepare-se para o processo seletivo interno. Destaque suas habilidades atuais e como elas podem ser transferidas para a nova posição.

Para a empresa, absorver um funcionário interno reduz o risco e o investimento associados à contratação de um novo funcionário. Além disso, promove a retenção de talentos e a motivação dos funcionários.

Muitas empresas valorizam e incentivam o crescimento interno, oferecendo treinamentos e oportunidades de desenvolvimento para os funcionários.

No Capítulo 8, exploramos diversas estratégias eficazes para buscar oportunidades de emprego no campo da segurança da informação. Inicialmente, discutimos como identificar e aproveitar as vagas disponíveis através de plataformas de emprego online e redes profissionais. Enfatizamos a importância de um currículo bem elaborado, destacando suas certificações, experiência relevante e habilidades tanto técnicas quanto interpessoais.

Abordamos também a diversidade de títulos de emprego na área de segurança da informação, sugerindo estratégias para superar essa barreira, como a utilização de palavras-chave específicas relacionadas a tecnologias, protocolos e certificações. Além disso, destacamos a importância de seguir profissionais atuais no setor para acessar vagas divulgadas em posts orgânicos em redes sociais.

A "Dica de Ouro" do capítulo focou na busca por vagas de segurança da informação dentro da própria empresa do leitor, aproveitando o conhecimento da cultura organizacional e a rede interna de contatos. Essa estratégia pode ser particularmente eficaz, visto que muitas empresas preferem promover ou transferir funcionários internos.

Este capítulo ofereceu um panorama abrangente de como se posicionar com sucesso no mercado de trabalho de segurança da informação, preparando o leitor para o próximo passo: o processo seletivo.

À medida que avançamos para o Capítulo 9, focaremos na preparação para o processo seletivo em segurança da informação. Detalharemos como se preparar para entrevistas, o que esperar durante o processo, como apresentar suas habilidades e experiências de maneira eficaz e como lidar com perguntas desafiadoras. Este capítulo será fundamental para garantir que você esteja completamente preparado para impressionar em qualquer entrevista de emprego na área de segurança da informação.

9 PREPARANDO-SE PARA O PROCESSO SELETIVO EM SEGURANÇA DA INFORMAÇÃO

Bem-vindo ao Capítulo 9, onde focaremos na preparação para o processo seletivo em segurança da informação. Este capítulo oferecerá orientações sobre como se preparar para entrevistas, o que esperar durante o processo, e como apresentar suas habilidades e experiências de forma eficaz.

Entendendo o Processo Seletivo

O processo seletivo pode incluir análise de currículo, entrevistas por telefone ou videoconferência, testes técnicos e entrevistas presenciais.

Antes da entrevista, pesquise sobre a empresa. Entenda sua cultura, produtos, serviços e desafios específicos de segurança.

Relembre os principais conceitos, ferramentas e tendências em segurança da informação. Esteja preparado para discutir detalhadamente suas experiências passadas e projetos relevantes.

Prepare-se para perguntas sobre como você lidou com situações desafiadoras ou trabalhou em equipe. Use a técnica STAR (Situação, Tarefa, Ação, Resultado) para estruturar suas respostas.

Pratique suas respostas com um amigo ou mentor, ou até mesmo em frente a um espelho, para ganhar confiança na sua apresentação.

Alguns processos podem incluir testes práticos ou avaliações técnicas. Pratique com problemas e cenários comuns na área de segurança da informação.

Durante testes técnicos, demonstre seu processo de pensamento e como você aborda a resolução de problemas.

Tenha perguntas preparadas para o entrevistador. Isso demonstra seu interesse pela posição e ajuda a avaliar se a empresa e a vaga são adequadas para você.

Seja profissional, mas autêntico Mantenha a calma e demonstre entusiasmo pela oportunidade.

Envie um e-mail de agradecimento após a entrevista, reiterando seu interesse pela posição.

Reflita sobre o que foi bem e o que pode ser melhorado para futuras entrevistas.

Navegando pelos Diferentes Estágios do Processo Seletivo

Vou acrescentar informações importantes sobre as etapas comuns em processos seletivos e os diferentes entrevistadores que você pode encontrar ao longo do caminho.

Em muitos processos seletivos, o seu primeiro entrevistador será alguém do departamento de Recursos Humanos (RH) da empresa. É importante entender que estes profissionais podem não ter conhecimento técnico específico em segurança da informação.

A função do entrevistador de RH é avaliar se você é um bom ajuste para a cultura da empresa, analisar suas habilidades gerais e verificar se você atende aos requisitos básicos da posição. Eles também podem fazer perguntas iniciais sobre sua experiência, motivação e expectativas salariais.

Como o entrevistador de RH pode não estar familiarizado com os aspectos técnicos da segurança da informação, é importante comunicar suas experiências e habilidades de maneira clara e acessível.

Destaque suas habilidades interpessoais, experiências de trabalho anteriores e como você se adaptou a diferentes ambientes de trabalho.

Já na entrevista técnica, esteja preparado para discutir em detalhes suas habilidades técnicas e experiências específicas em segurança da informação.

Tenha exemplos concretos e discussões sobre projetos passados que demonstrem suas habilidades e conhecimentos.

Normalmente, a última etapa do processo seletivo envolve uma entrevista com seu potencial gerente direto. Esta é geralmente a parte mais técnica do processo.

O gerente direto frequentemente tem a palavra final sobre a contratação. Eles avaliarão suas habilidades técnicas, como você se encaixa na equipe e como suas habilidades complementam as do grupo.

Experiência Pessoal em Entrevistas Técnicas na IBM

Eu tive a oportunidade de conduzir entrevistas técnicas para futuros profissionais de segurança da informação interessados em trabalhar na IBM. Essa experiência foi não apenas enriquecedora, mas também educativa, pois me exigiu passar por um processo de capacitação específico para entrevistadores, visando aderir aos padrões e à ética estabelecidos pela empresa.

Antes de começar a conduzir as entrevistas, participei de cursos de capacitação oferecidos pela IBM. Estes cursos foram essenciais para entender as melhores práticas na condução de entrevistas, garantindo que todos os candidatos fossem avaliados de maneira justa e consistente.

A IBM enfatiza fortemente a necessidade de seguir um padrão ético durante as entrevistas. Isso inclui tratar todos os candidatos com respeito, garantindo confidencialidade e mantendo um ambiente profissional e acolhedor.

Durante as entrevistas, o meu foco estava em avaliar não só as habilidades técnicas dos candidatos, mas também sua capacidade de se integrar à cultura da IBM. Era importante identificar candidatos que não apenas possuíssem os conhecimentos técnicos necessários, mas também compartilhassem os valores e a ética da empresa.

Parte do processo de entrevista incluía oferecer feedback construtivo aos candidatos. Independentemente do resultado, era importante que cada candidato saísse da entrevista com uma percepção clara de suas forças e áreas para desenvolvimento.

Esta experiência me permitiu crescer não apenas como profissional de segurança da informação, mas também como líder e comunicador. Aprendi a valorizar a diversidade de pensamento e a importância de uma avaliação justa e equitativa.

Esta experiência me mostrou, do outro lado da mesa, a importância da preparação dos candidatos para as entrevistas. Entender o processo e estar bem-preparado é crucial para o sucesso.

O Objetivo das Entrevistas e Lidando com a Síndrome do Impostor

Dentro do contexto das entrevistas de emprego, é crucial entender que o objetivo final de cada entrevistador e teste aplicado é garantir que a pessoa certa seja contratada para a função. Isso não significa apenas avaliar habilidades técnicas, mas também assegurar que o candidato se encaixe bem na cultura e nas necessidades da empresa.

O processo seletivo é projetado para evitar contratações inadequadas, que podem ser custosas para a empresa em termos de tempo, recursos e impacto na equipe.

Os entrevistadores buscam avaliar uma variedade de competências, incluindo habilidades técnicas, experiências relevantes, capacidade de solução de problemas e aptidão cultural.

É comum que candidatos, especialmente aqueles que estão entrando em um novo campo como a segurança da informação, experimentem a chamada "Síndrome do Impostor". Isso se manifesta como uma sensação de não ser suficientemente qualificado ou de que o sucesso é imerecido.

Um dos maiores desafios para candidatos com síndrome do impostor é a tendência de se autossabotar, não se candidatando a vagas por se sentirem inadequados.

É importante lembrar que a decisão sobre a adequação de um candidato para uma vaga cabe ao entrevistador ou à equipe de contratação. Eles estão mais bem equipados para avaliar como suas habilidades e experiências se alinham com as necessidades da posição.

Incentivo você, como leitor e candidato, a se inscrever para diversas vagas, mesmo aquelas que pareçam um pouco fora do seu alcance atual. O processo seletivo é também uma oportunidade de aprendizado.

Muitos candidatos se surpreendem positivamente com os resultados. Participar de entrevistas e processos seletivos pode revelar suas verdadeiras capacidades e potencial para a empresa.

No Capítulo 9, mergulhamos profundamente na preparação para o processo seletivo em segurança da informação. Abordamos as etapas típicas de um processo seletivo, destacando a importância de se preparar para diferentes tipos de entrevistas, desde o primeiro contato com o RH até a entrevista final com um gerente técnico.

Discutimos a relevância de entender os diferentes papéis dos entrevistadores e como adaptar sua abordagem a cada etapa do processo. Enfatizamos a importância da preparação técnica e comportamental, sugerindo técnicas como a metodologia STAR para responder a perguntas comportamentais e a importância de demonstrar suas habilidades e experiências de maneira clara e eficaz.

Além disso, tocamos num ponto crucial: a síndrome do impostor. Exploramos como essa percepção pode afetar candidatos e oferecemos conselhos sobre como superá-la, incentivando-os a se candidatarem a vagas mesmo quando se sentem inseguros, lembrando que a decisão final cabe aos entrevistadores.

Este capítulo forneceu um guia abrangente para enfrentar os desafios do processo seletivo e maximizar suas chances de sucesso, preparando você para se destacar como candidato em entrevistas de segurança da informação.

À medida que avançamos para o Capítulo 10, focaremos no desenvolvimento contínuo e na educação continuada em sua carreira de segurança da informação. Discutiremos a importância de se manter atualizado com as constantes mudanças tecnológicas, como aproveitar oportunidades de aprendizado e crescimento contínuo, e a necessidade de adaptar-se às novas tendências e desafios do setor.

10 DESENVOLVIMENTO CONTÍNUO E EDUCAÇÃO CONTINUADA NA CARREIRA DE SEGURANÇA DA INFORMAÇÃO

Bem-vindo ao Capítulo 10, onde focaremos no desenvolvimento contínuo e na educação continuada na carreira de segurança da informação. Este campo está em constante evolução, e manter-se atualizado com as novas tendências, tecnologias e práticas é essencial.

A segurança da informação é um campo que evolui rapidamente. Novas ameaças surgem regularmente, e as tecnologias e práticas de segurança estão sempre em fluxo.

Muitas certificações exigem educação continuada, como já discutido no Capítulo 7. Isso garante que os profissionais mantenham suas habilidades atualizadas.

Participar de eventos como conferências, seminários e workshops é uma excelente maneira de se atualizar sobre as últimas tendências e melhores práticas.

Plataformas online oferecem uma variedade de cursos e treinamentos que podem ajudar a expandir seu conhecimento e habilidades.

Mantenha-se informado lendo publicações relevantes, blogs de segurança da informação, artigos e livros técnicos.

Participar de comunidades profissionais e grupos de discussão, como já mencionado no Capítulo 6, é fundamental para trocar conhecimentos e experiências com outros profissionais da área.

Participar de hackathons e competições de segurança da informação pode ser uma forma divertida e desafiadora de testar e aprimorar suas habilidades.

Estabelecer relacionamentos de mentoria pode oferecer orientação valiosa e insights sobre o desenvolvimento de carreira.

Manter uma rede profissional ativa e crucial não só para oportunidades de emprego, mas também para aprendizado e desenvolvimento profissional.

Mantenha-se informado sobre as novas tecnologias e como elas impactam a segurança da informação.

Ser flexível e adaptável é crucial em uma área que está sempre mudando.

O desenvolvimento contínuo e a educação continuada são essenciais na carreira de segurança da informação. Manter-se atualizado, envolver-se com a comunidade, buscar mentoria e estar aberto a novas aprendizagens são passos fundamentais para manter-se relevante e eficaz neste campo dinâmico. No próximo capítulo, discutiremos como lidar com os desafios e as mudanças na carreira, focando em estratégias para uma evolução profissional sustentável e adaptativa.

AGRADECIMENTO

Gostaria de expressar minha sincera gratidão a você, leitor, por acompanhar até aqui. Escrever este livro foi uma jornada enriquecedora, e espero que as informações compartilhadas tenham sido valiosas para o seu desenvolvimento profissional na área de segurança da informação.

Agradeço especialmente por dedicar seu tempo e esforço para explorar este livro. É meu desejo que as estratégias, conselhos e experiências compartilhadas aqui sirvam como um guia para impulsionar sua carreira na segurança da informação, um campo tão dinâmico e vital no mundo atual.

Para continuar esta jornada de aprendizado e compartilhamento de conhecimento, convido você a me seguir nas redes sociais. Lá, compartilho regularmente insights, atualizações e informações relevantes sobre segurança da informação. É uma ótima maneira de mantermos contato e você se manter atualizado com as últimas tendências e desenvolvimentos no campo.

- LinkedIn: Conecte-se comigo no LinkedIn para discussões profissionais e insights sobre segurança da informação em https://www.linkedin.com/in/fsobiecki/

- Twitter: Siga-me no Twitter para atualizações rápidas e comentários sobre as últimas notícias e tendências do setor em @fabiosobiecki

- Site Pessoal: Visite meu blog para leituras mais aprofundadas e análises sobre tópicos específicos em segurança da informação em https://sobiecki.net

Mais uma vez, obrigado por sua dedicação e interesse. A segurança da informação é uma área em constante evolução, e manter-se engajado e informado é o caminho para o sucesso. Estou ansioso para continuar compartilhando e aprendendo junto com você nas redes sociais.

SOBRE O AUTOR

Fabio Sobiecki é analista de sistemas, formado pela Unopar e especialista em Segurança da Informação pelo Senac e possui MBA pela FGV. Desde 2004, trabalha com Segurança da Informação, entre 1998 e 2004, trabalhou com tecnologia da informação, na área de infraestrutura e redes de computadores. Fabio Sobiecki é certificado pelo $(ISC)^2$ como CISSP – Certified Information System Security Professional e CCSP – Certified Cloud Security Professional, desde 2008 e 2017, respectivamente; pela Cloud Security Alliance como CCSK – Certificate of Cloud Security Knowledge desde 2014. Atualmente, ele é presidente do capítulo de São Paulo da $(ISC)^2$, host do podcast Blue Team Academy e do canal do YouTube Fabio Sobiecki. Nestas mídias ele publica conteúdo sobre segurança da informação, análise de notícias da área, com o contexto de um especialista em segurança da informação e privacidade.